L.6.⁴⁵/145.

LE TYRAN,
LES ALLIÉS,
ET LE ROI,

PAR

M. LE Mis DE CORIOLIS D'ESPINOUSE.

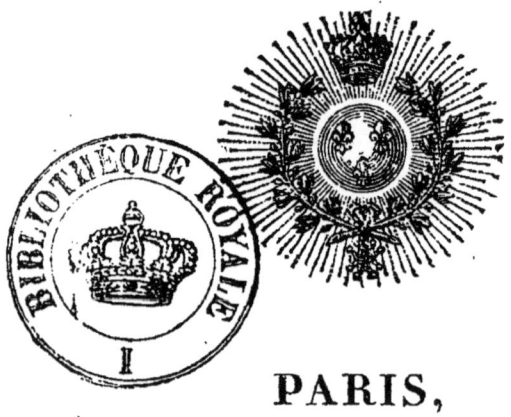

PARIS,
LE NORMANT, IMPRIMEUR-LIBRAIRE.

1814.

PRÉFACE.

J'aurois voulu publier plus tôt cet écrit; mais ceux qui veulent que tout soit dit sur Buonaparte, un mois après sa chute, prouvent très-bien qu'il y a encore quelque chose à dire. On ne peut pas, en conscience, traiter une tyrannie de douze ans comme une pièce de théâtre, dont il ne doit plus être question quand elle est tombée. A ce compte-là, et sans comparer les très-petites choses aux grandes, Tacite et Suétone auroient fort mal employé leur temps.

Aucun ressentiment personnel ne m'anime contre Buonaparte : je le hais comme le désolateur de la France et de l'Europe, et comme le plus profond corrupteur qui fût jamais. J'ai tâché de persuader ceux qui pouvoient rester à persuader. J'ai voulu payer mon tribut de haine au tyran, d'amour à mon Roi, et de reconnoissance aux alliés : voilà tout. De plus éloquens que moi m'ont laissé peu de bien à faire, si je peux faire quelque bien.

LE TYRAN,

LES ALLIÉS, ET LE ROI.

Il y a des personnes qui, plus vivement frappées de la puissance extraordinaire de Buonaparte, semblent douter encore de sa chute. Cet homme est tombé de si haut, qu'elles demandent s'il est réellement tombé. On diroit qu'elles n'ont pas assez fait pour la tyrannie qu'elles supportoient, si elles ne croient à son fantôme comme on croyoit autrefois, à Rome, aux fantômes de Néron. Il n'y a rien là qui doive étonner. Les hommes, en général, sont vivement émus des causes immédiates. Les causes médiates les touchent peu. Ainsi, sans l'aveuglement inconcevable de Buonaparte à Moscow, suivi d'un aveuglement non moins étrange devant Dresde, plusieurs pensent que c'en étoit fait de nos Rois, et que l'usurpateur laissoit le sceptre à sa race.

Voyons si cette opinion peut soutenir l'examen, et admettons tout de suite que Buonaparte eût traité à Moscow avec un peuple au désespoir. On sait (et ses immenses préparatifs l'attestoient assez) qu'il vouloit ensuite passer dans l'Inde, persuadé qu'il y auroit ruiné la puissance anglaise, et jaloux sans doute de se montrer où Bacchus et Alexandre avoient paru. A une si longue distance, durant ce long interrègne et cette longue incertitude des événemens, pense-t-on que la régence n'auroit pas été troublée ? car il y a des gens qui appellent avec confiance le train du siècle le train des choses excessives qu'ils ont sous les yeux : pense-t-on qu'aucune puissance du continent n'eût essayé de secouer le joug ? que la confédération du Rhin fût restée indissoluble ? que les Espagnols et les Anglais n'eussent pas franchi les Pyrénées ? enfin, que pas un général mécontent n'auroit remué en France ? A-t-on déjà oublié cette conspiration qui éclata peu avant le désastre de Moscow ? conspiration si habilement conçue que ce qui perd d'ordinaire les entreprises de ce genre, la révélation, étoit impossible, le chef étant seul maître du secret, et les conjurés pensant obéir à l'autorité qu'ils renversoient ; conjuration enfin qui s'exécutoit avec tant de bonheur, que l'humanité seule des conjurés les a perdus. Que de gens ont à peine pris garde à cette entreprise, qui auroient admiré son invisible trame si elle avoit réussi ! La conjuration de Fiesque échoua aussi, et n'en étoit pas plus mal tramée, sous les yeux même du plus fin politique de l'Italie. Remarquez que cette conspiration éclatoit avant qu'on pût connoître la destruction de notre armée. Dès-là on pouvoit conspirer, puisqu'on paroissoit le pouvoir.

Veut-on supposer que Buonaparte n'auroit pas quitté le continent de l'Europe ? Comment se seroit-il soutenu long-temps, ce grand général, *à dix mille hommes par semaine*, selon l'expression de Kléber ; ce grand financier, battant monnaie dans les pays conquis ; cet habile négociateur au poids de l'or ; ce père de nos enfans, transformant les écoles en des espèces de casernes où d'apprentis soldats s'entretuoient déjà ; ce zélateur de notre religion, abreuvant son chef d'avanies ? Non, il ne pouvoit se soutenir ; car un empire fondé sur la fraude, l'impiété, la cruauté et la folie, a beau ne pas étonner des gens qui ne s'étonnent de rien, parce qu'ils ne songent à rien ; cet empire-là doit périr par où il s'est élevé. Tout ce mensonge de gloire, tout ce ridicule, mêlé à des entreprises de géant, tout cela étoit jugé dans les gazettes et les places publiques de delà la Manche. On montroit tout nu l'Empereur vêtu de pourpre, et cette ignominie se répandoit de là dans l'Europe et même en France, pour notre humiliation, sinon pour notre espérance.

Buonaparte sentoit très-bien le danger de ces railleries cruelles et trop fondées. Il ne prenoit pas la peine de dissimuler l'humeur que lui donnoient les papiers anglais. Ces mots terribles de *guerre viagère*, *d'empereur révolutionnaire*, l'obsédoient ; puis il se consoloit en disant : *Il n'y a pas de ridicule avec six cent mille hommes.* Qu'il accepte donc ce ridicule, puisque, pour notre bonheur, il n'a plus six cent mille hommes. Et qu'on ne dise pas qu'il y a peu de générosité à accabler un homme dans sa chute : un homme, ce seroit d'un lâche ; un tyran, c'est d'un noble cœur. Il est toujours généreux de publier sa haine pour les tyrans, quand on n'a jamais eu le malheur de les louer, et qu'on ne leur doit rien que les désastres de son pays. Quoi ! cet étranger aura menacé de mort la France et la race de nos Rois, et nous serions peu généreux de chercher à augmenter l'horreur de son nom ! C'est le silence qui seroit indigne, et nous avons quelque droit de parler aujourd'hui, nous qui n'avons pas attendu, pour nous déclarer, que l'autorité se fût déclarée ; nous qui avons crié *vive le Roi*, au milieu des satellites de Buonaparte.

Un homme, sorti d'une île de la mer Méditerranée, a trouvé un peuple que de funestes essais de liberté n'avoient que trop mûri pour la servitude. Toutes les ruses d'Octave et de Tibère pour assoupir la liberté de Rome, il les a imitées avec une merveilleuse fidélité. Lui offre-t-on des statues ? comme Tibère il les refuse, et peu après sa statue s'élève plus haut que celles de nos rois : conspire-t-on contre lui ? il feint la clémence, et tous les accusés sont égorgés. « *Il faut suivre les lois* » *exercendas leges esse*, répond-il avec Tibère.

Cependant, voulez-vous l'en croire ? ce n'est pas le pouvoir qu'il aime, c'est la gloire. Il est pressé de voir finir son consulat, il brûle de revoir les palmes d'Egypte ; et voilà qu'il se fait nommer empereur à perpétuité. Le chef de l'Eglise, menacée d'un schisme, arrive pour sacrer le nouvel empereur ; mais le faux César craint les ides de mars : sa tête est peut-être déjà dévouée aux dieux infernaux, et on ne peut apaiser les enfers que par une barbarie digne des enfers. Il aperçoit dans une ville neutre le dernier petit-fils du Grand-Condé. Le duc d'Enghien est arraché d'Ettenheim, amené à Vincennes de nuit, fusillé dans un fossé, sans délai, sans procès, sans confesseur, ayant à peine le temps de recommander à Dieu sa belle âme, et le tyran est plus triomphant qu'à Arcole et à Marengo. Il a un double profit : il a cru donner un gage aux uns, et il a tué dans l'autre une postérité de héros. O mon prince ! ô nouveau Germanicus ! comme lui illustre à la guerre, comme lui tombant à la fleur de l'âge (1), comme lui assassiné par un Tibère ! Eh ! ton grand cœur ne pouvoit croire à tant de scélératesse ! « Quoi, disoit-il, sans m'entendre ! Je ne l'aime point ; mais un grand capitaine peut-il être un lâche assassin ? » Il est mort en

---

(1) M. le duc d'Enghien a été assassiné exactement au même âge que Germanicus fut empoisonné : trente-trois ans.

doutant que le coup fût ordonné par Buonaparte. C'est ce meurtre, surtout, c'est ce meurtre que tout ce qui a une goutte de vieux sang français dans le cœur ne te pardonnera jamais, fatal étranger! Oui, que le sang du duc d'Enghien retombe sur toi et sur ta vile race!

L'assassin partit delà pour tout oser au dedans et au dehors. Jusques-là on murmuroit des crimes ténébreux, tels que l'hôpital de Jaffa, la mort de Kléber, noir mystère de vengeance : celui-ci est commis à la face de la France.

Bientôt il se jette sur l'Europe, qu'il ne veut, dit-il, subjuguer que pour la mieux affranchir (1). C'est la philantro-

---

(1) Le paysan russe n'a jamais voulu de cette liberté qu'on lui apportoit à la pointe de l'épée, et pour laquelle on espéroit bien le soulever. « Qu'est-ce que

pie, la torche à la main : un prétexte tout nouveau vient au secours des guerres impies ; c'est plus de quinze cents lieues de côtes qu'il faut interdire aux Anglais. Le Nord verra sécher les branches de son commerce ; mais vous aurez le système continental. En vertu de ce système, il faut que le pontife de Rome ferme ses ports à la Grande-Bretagne ; il s'y résigne. Ce n'est pas tout : le système continental veut qu'il déclare une guerre injuste ; le pontife et le souverain s'y refusent : le nouveau Pierre passe dans la prison de Néron ; l'Etat ecclésiastique est le département du Trasimène ; un soldat grossier

---

cette liberté ? disoit-il. — Vos maîtres ne seront pas plus que vous, répondoit-on. — Eh ! que nous importe, répliquoient *ces hommes abrutis ;* faites donc que nous soyons autant qu'eux.

s'assied sur le trône du Vatican ; toujours des occupations iniques, et toujours des prétextes de philantropie. Il pousse les peuples les uns sur les autres, et toujours le système continental ! mot sans idée, énigme impénétrable ; et l'horrible sphynx a dévoré les nations qui ne l'ont pas comprise.

Cependant l'Espagnol se défend avec ses ruines, et prodigue à son Dieu et à ses princes trahis les flots de son sang fidèle. Les habitans de Sarragosse se souviennent de ceux de Sagonte : ils chantent *leur messe des morts*, et ils meurent tous.... O saint amour de son pays et de son roi, voilà de tes miracles ! Quel vainqueur n'est pas épouvanté par de tels vaincus, et ne dit pas au-dedans de lui : *Ce peuple là est un grand peuple!* Ombre fameuse du Campéador ! voici un spectacle digne de vos regards : ce peuple qui ne peut plus défendre son repos, en dépit des tyrans, va pourtant « reposer en paix. »

Que parlé-je de Tibère et de Néron ? que parle-t-on d'Attila ? La physionomie de cet homme change à tous les aspects. Son enseigne est Charlemagne ; son métier est celui de Tibère, de Caligula et d'Attila, si l'on veut ; mais il n'a qu'un trait de ressemblance avec le roi des Huns, le ravage. Vous diriez que le génie de la révolution lui a révélé ses œuvres finales: Attila sent au-dedans de lui quelque chose qui le pousse à ravager le monde, et il le dit : il ne s'annonce pas comme le protecteur, le médiateur des nations, mais comme leur fléau : il insulte aux rois qu'il dépouille de leur majesté ; mais ce n'est pas la paix qu'il a sur la bouche ; quand il a la torche à la main. Le nom seul qu'il prend témoigne de sa franchise : c'est l'enfer déchaîné ; mais l'enfer sans ses ruses diaboliques. Enfin, il est quelquefois magnanime, parce qu'il se croit l'instrument de Dieu : il recule devant son vicaire ; le conquérant sans Dieu s'est cru l'envoyé de son génie, et il a profané les cheveux gris du nouveau Léon. On ne peut le comparer qu'aux temps qui l'ont vu paroître, et à la tempête qui l'a poussé sur le Monde. Toutes les ressources d'une civilisation avancée, il les a employées à détruire plus vite toute civilisation. Il est ardent à créer ; mais sa fin est la ruine. Né de nos désastres, il les a exploités à son profit : il vouloit placer à fonds perdus sur sa tête la gloire de la France, et il empoisonnoit la renommée comme les malades de Jaffa. On a dit que les lois de Dracon étoient écrites avec du sang : avec quoi, grand Dieu! sera donc écrite la loi de la conscription? Il faudra l'écrire avec le sang des enfans, mêlé aux pleurs des mères.

Cependant, des gens qui frémissoient en songeant aux charretées de victimes de Robespierre, regardoient chaque jour froidement des troupeaux d'enfans chassés par milliers à la boucherie héroïque de l'Ebre et du Borysthène; tant la tyrannie sèche les âmes, ôte jusqu'au sentiment de son excès! Dira-t-on que ceux qui restoient trouvoient d'honorables récompenses de leurs blessures? Des mépris, des duretés sur leur impuissance de le servir. On n'a jamais autant méprisé les hommes, et ce n'est pas ce qui m'étonne de lui; mais on ne leur a jamais autant montré ce mépris, et il y a là de quoi renverser toutes les idées sur les tyrans, au moins sur les tyrans qui ne sont pas insensés. Toute sa politique se fondoit sur ce mépris des hommes. Sa fausseté passe tout ce qu'on en pourroit dire; et je crois qu'il n'y avoit de vrai en lui que son air faux et inquiet. Il y a des sentimens qui mènent les hommes aux grandes choses, et qu'il n'entendoit pas : celui d'honneur, par exemple; ou, s'il l'entendoit, il l'avoit pris en aversion. L'honneur tel qu'il le concevoit, c'étoit le dévouement servile et le succès; car le malheur étoit un délit.

Dans un combat inégal et malheureux, un jeune officier de marine, que distinguoient son mérite et sa bravoure, commet, par humanité et comme malgré lui, une légère faute contre la discipline : un décret de l'empereur le traîne devant une commission qui doit le juger, *pour avoir préféré la vie à l'honneur;* en sorte qu'on envoyoit aux juges un homme jugé, et qu'il ne leur restoit plus qu'à l'égorger. Tyran pressé, il frappoit d'un seul coup l'honneur et la loi. Oui, il l'auroit tué ce vieux honneur de nos pères, sans le coup du ciel qui nous l'a rendu. Combien de cœurs le gardoient-ils encore ? On craignoit de se souvenir, et on frémissoit de prévoir. Une peur stupide, qui se cachoit sous une ancienne habitude d'admiration, c'est tout ce qui restoit. « C'est un homme étonnant, » disoient ses plus passionnés serviteurs. L'étonnement! Voilà donc des sentimens qu'il inspiroit, le plus glorieux, puisque les Macrons eux-mêmes n'osoient aller plus loin. Il y avoit une uniformité de servitude, au milieu de laquelle on ne se distinguoit que par le plus ou moins de raisons subtiles qui coloroient les actes tyranniques. S'agissoit-il d'une nouvelle levée de la conscription ? des gens qui venoient de s'indigner contre les Romains, si lâches sous les empereurs, ces mêmes gens discutoient très-doctement le décret, faisoient voir comment l'anticipation de la boucherie impériale étoit de droit ; et tel y avoit perdu son fils, qui couroit le premier complimenter le héros. On n'ornoit pas sa maison de feuillages, on ne fatiguoit pas de baisers la main du tyran, comme à Rome, sous les empereurs, parce que, de nos jours, la joie ni le respect ne se témoignent ainsi ;

mais se dispensoit-on d'une fête à la cour ?
non. Evitoit-on le bourreau de son fils ?
non. On briguoit la distraction de ses regards. Voilà les maisons ornées de feuillages ; voilà les lâches baisers.

Des orateurs courageux osoient-ils louer
l'olivier de paix au milieu des lauriers arro-
sés de larmes ? osoient-ils insinuer qu'il est
pour un prince une autre gloire que celle
des camps ? un geste du tyran les faisoit
taire, et ils retomboient dans les lieux
communs de la servitude. L'amour pour
le souverain, qu'il avoit séché dans les
cœurs, éclatoit par son ordre dans les
feuilles publiques ; et le peuple, muet la
veille devant le tyran, apprenoit le lendemain, par les journaux, qu'il avoit com-
blé ce bon prince de bénédictions. On a
observé qu'il avoit du penchant pour la

petite littérature : c'étoit instinct de tyran, qui sent que là où est un beau génie il y a à parier pour l'élévation de l'âme. On l'a vu se dépiter comme un enfant de n'avoir pu arracher un vers à un grand poëte. Sa réputation et son fidèle attachement à ses rois l'importunoient. La renommée d'un autre écrivain, non moins illustre et non moins courageux, excita souvent une colère risible, si elle n'avoit pu être funeste. « Croit-il que je ne sais pas lire? (s'écrioit-il, à propos d'une noble sortie contre Néron) il me prend fantaisie de le faire sabrer par mes gardes. » Et puis il demandoit sérieusement à un académicien si on pouvoit anéantir les histoires de Tacite. Le profond auteur de *la Législation primitive* étoit réduit à se taire, et on voloit le noble travail de l'auteur de *l'Esprit de l'Histoire*, pour le publier indignement travesti. On vit alors une femme, son livre proscrit à la main, recruter en Europe contre le persécuteur de la pensée.

On le voyoit descendre des hauteurs de sa vaste ambition, pour se mêler de propos de coteries. Il passoit d'un accès de fureur contre l'Angleterre à un accès de fureur contre une femme, et le décret de blocus étoit suivi d'un décret de bannissement contre une jeune et noble dame qui devoit mourir dans l'exil, pour n'avoir pas voulu fléchir le genou devant le dieu. Et ce vertueux courage, plusieurs alors l'appeloient folie : car il faut que la tyrannie soit renversée pour qu'on ose la mesurer toute entière, et ce n'est qu'alors qu'on traite de noble audace ce qui ne sembloit avant que démence.

Je ne pense pas qu'on ait jamais vu une telle alliance du petit et du vaste. C'étoit Thersite sous le casque d'Achille. Il ambitionnoit ce qui est illustre plutôt que ce qui est grand. Jamais le mot d'un grand cœur n'est sorti de cette bouche, et ses flatteurs même étoient muets là-dessus. Je ne sais quel instinct de basse origine le rendoit jaloux de toute noblesse, et le bourgeois de Corse trahissoit souvent le Roi des Rois. Il falloit que tout datât de lui. Il avoit songé à une ère nouvelle, qu'il auroit intitulée l'Ere Napoléonienne; en sorte qu'au lieu de dire : « L'an du Monde...., avant ou depuis Jésus-Christ », un décret vous auroit enjoint de dire : « L'an du Monde.... avant Napoléon. » Il institue une noblesse héréditaire, et le fils d'un connétable doit oublier qu'il a des aïeux. Il affecte, puérilement, de créer baron celui qui est comte, et comte celui qui est baron, tant il craint les souvenirs; et il ne voit pas qu'il ne peut avilir l'ancienne noblesse, et qu'il honore mal la nouvelle. Annonce-t-il avec éclat la restauration des tombeaux de nos Rois? Courez à Saint-Denis; interrogez, demandez où sont recueillis les vénérables restes. Un vieux serviteur, cachant ses larmes avec soin, vous montre une petite cour où ces restes ont été enfouis pêle-mêle, et l'on n'a seulement pas songé à les inhumer au pied de ces autels de nouvelle profanation. Et puis, célébrez les autels expiatoires, et n'oubliez pas, surtout, le pieux restaurateur. Tout se fondoit sur ce mensonge perpétuel, qu'on prit long-temps pour les variations de sa politique.

Dans l'administration de l'Etat, tout étoit mobile comme l'inquiétude de son âme. Il tiroit les lots des grandes places, comme M. de Mazarin ceux de sa maison. Quand un magistrat commençoit à être instruit de ses fonctions, qu'il connoissoit bien les besoins et les ressources de ses administrés, on craignoit son expérience, et on le faisoit passer au noviciat d'une magistrature nouvelle. Ainsi, toutes les fonctions publiques étoient en apprentissage sous le maître. Il se plaisoit, surtout, à n'être pas trouvé où on l'attendoit. Ainsi, lorsqu'il persécutoit les ministres de la catholicité : « Je suis catholique, apostolique et romain, » disoit-il d'un ton brutal au président d'un consistoire. Paroissoit-il se relâcher, enfin, de sa rigueur pour le S. Père ? Il parloit grossièrement des cardinaux qui étoient demeurés avec lui ; et le lendemain le Pape n'étoit plus qu'*un moine entêté* qu'il falloit chasser. Enfin, le grand restaurateur de la religion de nos pères disoit : « Qu'il ne seroit véritablement Roi que lorsqu'il auroit l'encensoir, et il ajoutoit que la chose étoit d'autant plus aisée, que tous les Français n'avoient d'autre religion que celle de Voltaire (1). » Aussi toutes ses institutions alloient tomber, faute de bases. Comme il méprisoit les hommes, il méprisoit l'autorité des siècles ; et comme il n'a semé que le mépris, il n'a moissonné que sa semence. Si quelque chose peut expliquer sa longue domina-

---

(1) Il ne croyoit à rien, pas même *à son étoile* ; et ceux qui lui ont supposé cette superstition ne savoient pas que, lorsqu'il pleuvoit les jours de cérémonie, il demandoit vingt fois avant de sortir si le baromètre remontoit au beau.

tion, c'est une puissance extraordinaire de volonté (1). Rien n'amollissoit cette volonté d'airain. Prodigieusement habile à faire mouvoir les populations armées ; audacieux et insolent dans le succès ; combinant tout et hasardant tout ; artificieux même dans sa colère, il ne se rebutoit de rien. Il disoit souvent : « Si je n'ai pas les Espagnols, j'aurai l'Espagne. » Et l'Espagnol disoit : « Peut-être aura-t-il l'Espagne ; les Espagnols, jamais. » Une chose l'a perdu entre mille : ce qu'il possédoit de fait, il l'a toujours voulu obtenir de droit. L'Espagne lui donnoit son sang et son or : il indigne l'Espagne, et ni notre or ne la peut corrompre, ni notre sang

---

(1) M. Necker dit quelque part que ce qui distingue le premier consul, c'est une superbe volonté.

la conquérir. Le tyran appeloit ses peuples des révoltés; les cœurs généreux les nommoient des héros; les flatteurs trouvèrent le mot d'insurgés. Vainement il envoie et renvoie à Madrid ce roi infatigable dans la fuite; vainement celui-ci s'épuise à dire : « Moi le Roi; » l'Espagnol répond fièrement : « Vous le Roi ? » et il reste fidèle. On sait comment la Hollande a été perdue; et nous avons vu, grâce aux combinaisons de cette vaste politique, ce qu'on n'avoit pas vu en France depuis un roi fou, les Anglais partout victorieux. Vous croyez qu'il va, du moins, tourner tous ses efforts vers cette guerre de la péninsule. « Il s'agit bien de cela. Cette guerre n'est rien; Wellington n'est qu'un écolier, qui sera infailliblement réduit. Il faut songer au grand empire; le pays des czars nous appelle, et ensuite le Turc nous ouvre le passage des grandes Indes, où nous frapperons les Anglais au cœur. » Partez, légions de héros, escadrons qui n'aviez pas encore été rompus; allez sous les glaces de l'Ourse, à six cents lieues de votre douce patrie; allez périr, non par le feu, non par le fer, mais par le froid, ce premier ennemi que vous trouverez invincible, car l'étoile de Napoléon ne vaincra pas l'étoile polaire. Ils sont partis ces illustres, et nous ne les avons pas vus revenir. Le froid a glacé ces cœurs que n'avoit jamais glacés la crainte. Ils meurent, non comme on mouroit autrefois à Pultawa, mais comme ils ne devoient pas mourir, d'une mort sans gloire. Et pendant qu'ils tombent, leur chef partage-t-il leur infortune? Il fuit, le lâche héros; il fuit ce ciel irrité; il revient seul, de nuit, comme un malfaiteur; et le lendemain il s'assied triomphant sur son trône, et il nous parle de notre *belle France.* Il annonce qu'il ne veut ni hommes ni argent, et, peu de jours après, on demande des millions et trois cent mille hommes, qui tomberont encore devant Dresde, non sans gloire, mais sans fruit.

Cependant l'Europe se réveille de sa peur. L'invincible peut être vaincu; le grand capitaine peut faire de grandes fautes; le soldat heureux a des revers. Une sainte alliance se forme dans le Nord; il est menacé, attaqué avec fureur, même par ses alliés, qui peuvent enfin combattre pour leur propre cause.

Alors il veut recourir à ses ruses si souvent éprouvées; mais ses ruses ne trompent plus. Il essaie cette hauteur de langage, si long-temps redoutable : ses menaces n'effraient plus. En vain, comme le Protée de la Fable, il essaie de toutes les formes; nulle ne lui réussit. Toute illusion est tombée; toute force a disparu : il faut qu'il se montre tel qu'il est, réellement foible et vaincu par sa faute. Epouvantable leçon ! Celui qui, sorti d'une petite île de la Méditerranée, n'étoit pas content de l'empire de Charlemagne, va bientôt être réduit à une autre petite île dans cette même Méditerranée. Il n'a rien écouté que son orgueil, qui l'a aveuglé jusqu'à la fin; il n'a pas vu, ce grand politique, que si l'orgueil opiniâtre peut conquérir, la prudence seule peut conserver; et qu'avec toute sa puissance, il ne changeroit pas plus l'expérience des siècles qu'il n'avoit changé l'ordre des saisons à Moscow; qu'il avoit beau se tourmenter pour ne ressembler à personne, il lui falloit tourner, malgré lui, dans le cercle des ambitieux passés; et qu'enfin il n'alloit rester, de tant de puissance et de gloire, qu'un homme foible, et pleurant pour qu'on le laisse vivre.

Il est tombé ce géant qui prenoit sa course de l'Occident à l'Orient; ce futur empereur d'Europe, qui portoit sur son front la triple couronne des Clovis, des Didier et des Léon! il est tombé, et sa chute a été celle d'un enfant! Dès qu'on lui a commandé, il a obéi; et, comme il n'y a jamais eu de plus méchant maître, il n'y a jamais eu d'esclave plus docile. On s'est étonné qu'un homme qui résistoit aux Rois, ne puisse résister à l'envie de vivre. Tout est énigme dans cet homme incompréhensible. A-t-il peur de la mort? N'est-ce pas plutôt qu'il ne veut pas mourir, qu'il préfère tout à la mort? Parce que la mort dévore aussi la vengeance, et que, dans cette boue d'ignominie où il s'obstine à rester, comme Marius dans la boue de Minturnes, il médite, calme en apparence, d'épouvantables massacres : dernier rêve où s'endort sa honte.

Le voilà donc ce jeune et brillant héros de l'Italie, que nous appelions dans une autre espérance ! qui n'accouroit d'Egypte que pour sauver la France malade d'anarchie ! qui sembloit promettre, aux uns, une liberté raisonnable ; aux autres, l'héritier du sang de leurs Rois ! Mais ici se présente une grande question.

Qu'une nation, poussée par un violent esprit de liberté, chasse ses Rois pour se donner des lois populaires ; ce droit, qu'elle n'avoit pas, et dont l'exercice est presque toujours ensanglanté, se peut admettre à toute rigueur. Mais si cette même nation, désabusée de la chimère républicaine par l'épreuve amère de la liberté, retourne à l'état monarchique, a-t-elle le droit de s'élire un maître au préjudice des héritiers légitimes ? Non. Quelqu'éclat qu'obtiennent les armes d'un capitaine, quelques services qu'il ait rendus ou paru rendre à l'État, vous pouvez disposer pour lui de toutes les dignités, hors celle du trône qui appartenoit au sang de vos Rois. En fondant la république, vous avez déchiré le contrat qui vous lioit au monarque (je n'examine pas si vous en aviez le droit); mais, prenez-y garde, en rappelant un monarque vous faites revivre le contrat. Et ce contrat étoit-il passé avec l'étranger ? L'infortune est-elle une prescription contre les héritiers d'Henri IV ? Observera-t-on que Buonaparte n'a point usurpé, qu'*il a trouvé le trône vacant ?* Quelle misérable subtilité! Que ne le rendoit-il donc ce trône au légitime héritier! Que ne rendoit-il, ou la monarchie aux royalistes, ou la liberté aux républicains! Et voilà ce qui laisse sans excuse ceux qui l'ont laissé s'élever, non par des moyens imprévus, non par des ruses toutes nouvelles, mais par la vieille routine des tyrans qui traîne dans toutes les histoires. La flatterie l'a nommé *le légataire universel de la révolution*, mais l'histoire l'en nommera *l'exécuteur testamentaire*. Eh quoi! les principes sacrés qui protègent l'ordre des successions ne seroient-ils contestés que pour un trône ? Si les Esquimaux raisonnoient, auroient-ils une autre logique ? J'hérite de la maison de mon père, et je n'hériterai pas de son trône ? S'il ne tient qu'à l'éclat, au bonheur des armes de faire un Roi, chaque général ne pourra-t-il pas dire: *Et moi aussi je serai Roi ?* Chacun se croit bon juge de ses qualités ; on peut contester là-dessus. Mais sur une longue suite d'aïeux sur le trône, il n'y a pas moyen de contester. C'est ce que rend très-sensible, à mon avis, l'acception moderne du mot *auguste*. Un Roi nouveau, quelque grand qu'il puisse être, ne sera jamais un Roi auguste. Il y a toujours je ne sais quoi de factieux sous les hommages qu'on rend à un usurpateur. Les gens de guerre peuvent espérer, après lui, d'être aussi heureux que lui. Sous un Roi légitime, personne ne songe à sortir de sa place. Que parle-t-on de Hugues Capet, fondateur de la race de nos Rois? Le trône appartenoit au duc de la Basse-Lorraine. N'est-ce pas là une usurpation? Eh! qui le nie? Mais alors pour usurper sur les descendans de Pépin, il falloit descendre de Robert-le-Fort. Pour être Roi de France, il falloit être duc de France ; Buonaparte nous a-t-il produit de ces titres-là? Ce n'étoient point des titres légitimes, je l'accorde ; mais qui ne voit que des titres de race même équivoques, sont mille fois moins dangereux que des titres uniquement fondés sur les armes. Ce principe est de consentement général chez les peuples, et voyez que les races d'usurpateurs de basse origine ont rarement prospéré. Le fils de Cromwel même n'a pu retenir le protectorat, et toutefois son père ne s'étoit pas montré indigne de son inique fortune. Les Anglais le comptent parmi leurs grands souverains. L'autorité ne se transmet avec le sang qu'autant que l'autorité est légitime. D'ailleurs, les rois parvenus sont presque toujours insolens, et laissent plus de révoltés que de sujets. Et qui jamais abusa plus insolemment du pouvoir que Buonaparte? Qui, plus cruellement? Qui, plus follement? Oui, il a exécuté le testament de la révolution et dans ses clauses les plus barbares; mais il y a ajouté un codicile plus effrayant encore. Car, je ne crains pas de le dire, les républicains ont mis la France moins en péril de mort. Que d'illustres vertus au milieu des illustres crimes! Que d'âmes généreuses abusées par des illusions trop punies qui s'élançoient vers un avenir inconnu! Que de jeunes passagers qui s'embarquoient sur cette mer terrible des révolutions sur la foi de l'étoile trompeuse de la liberté ! Eh ! les hommes mêmes, enivrés de ce vin des factions qui fait des furieux, n'ont-ils pas un faux air de grandeur qui étonne ? Dans une république, personne n'est coupable tout seul : les crimes y sont tellement en commun, que de belles âmes peuvent être séduites par des vertus d'apparence, et rejeter les excès qui les déshonorent, sur une certaine contagion des temps, sur des hommes indignes de la cause qu'ils servent. Mais ici, quel prétexte à ces illusions ? Tout ne venoit-il pas d'un seul ? Tout ne se rapportoit-il pas à un seul ? Certes, s'il falloit choisir entre les Gracques et les Macrons, qui choisiroit les derniers ? Et que de Macrons accusoient encore les Gracques !

Enfin, dans la république il y avoit l'Emigration et la Vendée. Sous l'empereur, on restoit et on se taisoit. Dans la république, s'il y avoit des Marat, il y avoit des Charlotte Corday. S'il y avoit des villes muettes, il y avoit des villes révoltées. Sous l'empereur, quelle révolte a éclaté ? quel poignard l'a blessé ? Et nos armées reculoient-elles donc devant l'ennemi avant le grand empereur ? Et les frontières du Rhin, qui les avoit conquises, et qui les a perdues ? Et la Hollande, qui l'avoit conquise, et qui l'a perdue ? Les temps qui l'ont précédé n'étoient donc pas sans gloire ; mais il falloit que toute gloire vînt de l'empereur.

Ah! pleurons tous, car nous avons tous péché : pleurons tous, ou nos lâchetés, ou nos erreurs. Miraculeusement délivrés d'un étranger barbare, allons vers ce Roi français qui vient à nous plein de douceur. Il est du sang de Henri, et il appaisera aussi le vieux levain de la ligue : ce n'est plus cet homme au cœur plus aride que la terre qui l'a porté ; c'est un Roi qui, dans les souffrances de l'exil, ne songeoit qu'aux vôtres. « Mais, disent quelques-uns, nous ne connoissons pas les Bourbons. » Eh! connoissiez-vous beaucoup Buonaparte, quand vous l'avez choisi, ou plutôt quand il s'est placé violemment la couronne de Louis XVIII sur la tête? Il vous étoit connu sans doute par des victoires éclatantes au dehors, mais au dedans vous ne le connoissiez que par le massacre de vos citoyens ; massacre dont les murs d'un de vos temples portent encore aujourd'hui les marques, de sorte qu'en rapprochant cette journée de celle où il a donné l'ordre exécrable de faire sauter votre ville, vous le voyez finir comme il a commencé : seulement le jeune homme qui s'essayoit alors, mitrailloit une rue ; le tyran mûr fait sauter une capitale. Vous le connoissez aujourd'hui : comme Néron il a pleuré en apprenant le décret du sénat, cet homme qui traitoit notre Henri de lâche. Il n'est pas digne du malheur plus que de la prospérité : nos guerriers ont rougi de leur fidélité, et se sont souvenus d'Abner. Vous ne connoissez pas les Bourbons ! Eh ! quoi, vos pères ne vous ont-ils pas dit autrefois combien ils étoient doux et bons, ménagers du sang français, car ce sang étoit leur sang ? ne vous ont-ils pas dit que sous leur règne tout paternel ; on étoit si heureux qu'on ne pouvoit croire aux catastrophes des révolutions passées? Ils règnent depuis huit cents ans dans votre pays : pourquoi seriez-vous infidèles à tant de siècles, et ne suivriez-vous pas vos pères qui ont suivi si heureusement les leurs ? N'avez-vous jamais entendu parler de ce bon Roi qui pardonnoit sous la hache à ses ennemis ? Il donna tout son sang plutôt que de répandre le sang des autres. N'avez-vous jamais lu ce testame t, qui a peut-être été mouillé des larmes secrètes de ses meurtriers ? Eh bien! c'est ce testament à la main qu'arrive son auguste frère : c'est en apprenant qu'il pardonnoit, que nous avons appris qu'il approchoit ; car le vrai Roi, comme le vrai Dieu, est encore celui qui pardonne.

Et vous, vous qui les avez connus, les

auriez-vous donc oubliés ? vingt ans de malheurs les ont-ils changés à ce point que vous ne puissiez les reconnoître ? Votre cœur ne bat-il point à ce mot de fleurs de lis ? n'auriez-vous point autrefois suivi leur drapeau blanc ? Il vous souvient peut-être de ces lignes de Weissenbourg, ou de ce combat de Berckein où combattoient un père, un fils, et un petit-fils, héros et fils de héros ? Parmi eux brilloit ce nouveau Germanicus, qui devoit tomber comme l'autre.

Les Bourbons se sont montrés dignes de la mauvaise fortune, et c'est de bon augure pour notre prospérité. Ils avoient tout perdu ; mais il leur restoit ce qui reste aux rois de France vaincus. Jamais ils n'ont été infidèles à la dignité du malheur. Etudiez l'exil de notre Roi (car;

depuis la mort de Louis XVII, pour n'avoir pas régné sur nous, il n'étoit pas moins notre Roi, vous trouverez la fermeté d'une âme que rien ne peut abattre, comme rien ne peut l'aigrir.

Il s'étoit retiré dans une république long-temps puissante et illustre, alors foible et chancelante. Le Sénat, effrayé d'un Roi banni, lui enjoint de sortir des Etats de la république. Pour toute réponse, le Roi de France se contente de demander le *livre d'or*. Il en efface son nom et celui d'Henri IV, et il sort du pays inhospitalier. Lisez ces nobles lettres au foible Charles IV et à l'usurpateur lui-même, qui lui demandoit son abdication. L'insolent! il ne prévoyoit pas alors qu'il la donneroit lui-même un jour cette abdication, et en faveur de ce même prince qui refusoit si royalement la sienne. Pensez-vous qu'il porte indignement une couronne d'or, celui qui a porté si dignement une couronne d'épines, comme il l'appeloit lui-même ? Vous trouverez dans ce roi une haute sagesse encore fortifiée par le malheur, et qui saura bien séparer les erreurs des perfidies, et la prudence des lâchetés. Il apporte un pardon inépuisable pour les unes et un profond oubli pour les autres. Comme son aïeul, il ne se souviendra des ligueurs qu'autant qu'ils l'en feroient souvenir ; comme son aïeul, il n'a pas vainement imploré un peuple étranger, et les Anglais de Georges n'ont pas été moins généreux que les Anglais d'Elisabeth. Merveilleux dessein de la Providence ! C'est de cette île tant maudite par l'usurpateur, que va partir le Roi légitime ; c'est de cette île tant maudite par l'usurpateur qu'est sorti ce noble chevalier que l'Espagnol égale à son Rodrigue et à son Grand Capitaine ; ce chevalier, qui faisoit une guerre d'humanité parmi les guerres d'extermination, et qui opposoit aux perfidies et aux manques de foi, les stratagèmes et l'intègre valeur de notre Bayard, ce chevalier enfin qui étoit destiné à montrer le premier un prince français à la généreuse Aquitaine.

C'étoit déjà beaucoup pour la cause du continent, que ce caractère tout nouveau de la guerre à l'ouest. Ce n'étoit déjà plus dans les triomphes passés qu'il falloit aller chercher les augures de l'avenir. Une révolution armée au milieu de l'Europe devoit finir par une ligue de l'Europe armée; des guerres de Huns au milieu de la civilisation devoient finir par une guerre entreprise pour le triomphe de cette civilisation. Il y alloit de la vie des peuples et des rois. Arimane devoit succomber : aussi aux premières rumeurs de cette croisade de rois et de peuples, *allant en terre de France*, les esprits un peu atentifs ne purent méconnoître des signes de délivrance. Eh! comment s'y méprendre à ces signes? Toute l'Europe émue ; un grand air de vieille chevalerie ; les plus anciennes divisions oubliées; un pacte juré; de déchirans sacrifices ; et jusqu'à cette écharpe blanche que nos guerriers avoient vue au bras de chaque soldat: tout n'étoit-il pas de bon augure pour les lis? Voilà pourtant ce que refusoient de voir des hommes d'ailleurs fort instruits de l'histoire, de la géographie, de la tactique et de la science des cabinets. Avec quel dédain ils écoutoient nos prédictions ! avec quelle autorité ils opposoient l'assiète du terrein, un corps détruit ou affoibli, la défection probable d'un allié, les intérêts de tel prince ! que sais-je ? les équipages d'un ambassadeur parti pour le congrès. Toutes leurs lumières les ont aveuglés. C'est que l'histoire, la géographie, la tactique et les cabinets n'étoient ici que des auxiliaires de la grande querelle des nations.

Il falloit, pour prévoir, plus d'observation que de calcul, plus de sentiment peut-être que de raisonnement, parce qu'un mouvement généreux donné au continent, auroit résisté à ceux-là même qui, l'ayant créé, auroient pu vouloir l'arrêter. Il falloit avoir foi dans la magnanimité de l'entreprise, et tout s'expliquoit ;

et comme rien ne s'expliquoit sans cette foi, la raison étoit encore d'accord avec la confiance. Non, je n'ai jamais douté des alliés ; non, je n'ai jamais désespéré de la noble cause, non pas même quand les alarmes ne sembloient que trop fondées. Je ne sais quelle voix intérieure me crioit : « Tant de rois ne sont armés que pour la cause des rois. L'un d'eux, comme le roi d'Argos, ne s'est-il pas voilé le visage ? » Ma confiance n'a point été trahie : ils sont entrés, ces hommes du Nord, dans la capitale du monde civilisé ; ils sont venus, ces barbares, au triomphe si modeste, qu'on les eût pris pour des vaincus.... Généreux Alexandre ! qui n'a pas arraché, mais qui a obtenu de nous le surnom de grand (car tes peuples t'ont donné celui de père); vertueux Guillaume !

toujours plus malheureux et toujours plus cher à ton peuple; et toi, magnanime François! tu t'es souvenu que les rois sont les images de Dieu sur la terre, et tu n'as pas oublié le sacrifice de rédemption. Illustres Croisés! qui pour tous les maux que nous vous avons faits, nous rendez l'héritier du sang de nos rois, jouissez d'une gloire qui ne ressemble à aucune gloire; vos noms, encore étrangers hier, sont déjà prononcés parmi les noms de nos Louis et de nos Henri.

Que le bruit de ce triomphe si doux arrive à cet homme au cœur si dur que nous avons rejeté, et qu'il l'envie ce triomphe, non comme un grand cœur l'envieroit, mais comme un triomphe sans modèle qui n'a pas encore ennobli les feuilles de l'histoire. Ce triomphe sera pur jusqu'au bout. Comme vous êtes sortis magnanimes de l'épreuve de la conquête, vous sortirez magnanimes de l'épreuve non moins délicate des intérêts et des compensations. Vous serez toujours trouvés aussi grands que les choses que vous étiez destinés à accomplir. Ce que la politique conseilleroit à d'autres, vos nobles cœurs vous le prescriront, et la politique des grandes âmes n'est pas la moins prévoyante. Vous avez promis à la France qu'elle resteroit *grande et forte*, et vous acquitterez cette parole engagée à un peuple moins vaincu par vos armes que par vos promesses. Les bénédictions de ce peuple accompagneront votre départ, comme elles ont accompagné votre entrée. Princes à jamais illustres, agréez ces éloges sortis d'une bouche qui ne s'est pas ouverte pour louer le tyran.

Ce rêve d'une ambition malade, cette grande confédération des peuples tant promise par Buonaparte, comme but de ses conquêtes, nous la verrons enfin, non telle qu'il la vouloit formée par des liens de fer; mais par les doux liens de la reconnoissance et des mêmes malheurs. Ce conquérant aux pieds de bronze a tout brisé sur son passage. L'infortune a donné à tous les peuples du continent je ne sais quel air de famille. Nous avons tous souffert. Tous nous n'avons que trop mis au terrible jeu de la guerre. Nous tenons enfin le gage de la paix; et ce gage, c'est le Roi. Sans ce gage, l'auguste réconciliation européenne étoit manquée; et, je ne crains pas de le dire au milieu des alliés, je respecte tout ce que la politique peut avoir de mystères dans un si grand événement. Mais si toute l'Europe ne s'étoit armée que pour affoiblir seulement le droit du plus fort, que pour traiter avec celui qui rompoit tous les traités de paix qu'il avoit faits victorieux, tandis qu'un Roi de France gardoit ceux qu'il avoit faits captif (1); certes, c'est alors que je n'aurois pas compris un but si petit à une si grande entreprise.

Mais tout ceci venoit de plus haut. Cette colère divine qui poussoit les nations à s'entrechoquer d'un bout de l'Europe à l'autre, cachoit de profonds desseins de justice et de paix. Cet orage de mort ca-

―――――――――――――――

(1) Le roi Jean. Comme on le pressoit de rompre le traité de Bretigny, conclu pendant sa captivité, il répondit par ces paroles si connues : « Si la bonne foi » et la justice étoient perdues, elles devroient se re- » trouver dans le cœur et dans la bouche des rois. »

choit des germes de vie; et cette grande scène visible se préparoit invisiblement dans le ciel. Une famille de martyrs, le front ceint de couronnes qu'il n'est pas au pouvoir des hommes d'ensanglanter, prioient avec saint Louis; et aussitôt que le ciel a été désarmé, les hommes l'ont été aussi. Un changement si divinement opéré ne s'explique que par une intervention divine; et quand les enfans de Rurick visitent si pacifiquement ceux de Clovis, il faut rendre aux hommes ce qui leur revient, et reconnoître qu'il y a plus que de l'homme dans l'accomplissement de ces choses.

Mais quelles acclamations se font entendre! quels cris de joie de tout un peuple transporté! Le voilà, le voilà ce prince des fleurs de lis tant promis et tant espéré. Il étoit parti, le plus loyal et le plus brillant des chevaliers de France : il revient avec sa loyauté et sa grâce qui a pris du temps et du malheur, je ne sais quoi de plus doux. Il pleure de joie au milieu de ce peuple qui pleure avec lui : *Je ne trouve rien de changé en France, il n'y a qu'un Français de plus.* Voilà de ces triomphes que n'achètent pas les tyrans ; voilà de ces mots qu'ils ne trouvent pas. Le voyez-vous agiter ce panache blanc qui rallia toujours les Français......: Un jeune guerrier sort des bras de ce prince pour se jeter dans ceux du soldat : c'est son illustre fils ; c'est un vaillant, et nos braves ont reçu son premier accueil.

Ah ! si la seule présence du frère et du neveu de notre Roi obtient de pareils transports, que sera-ce quand nous le verrons lui-même, ce Roi, si ferme dans les traverses, si résigné à l'ingratitude, qui a quitté tant de villes inhospitalières sans même secouer la poussière de ses pieds. Il viendra, non traînant à sa suite des Rois prisonniers, seulement vous verrez auprès de lui une princesse belle et modeste : c'est la prisonnière du Temple : c'est elle qui vit périr son père, sa mère, sa tante et son frère, innocens. C'est la fille de nos Rois : mais ne craignez pas ses souvenirs ; elle a tout pleuré, et n'a rien maudit. Elle a quitté cette prison (que, depuis, un tyran a fait abattre, de peur qu'on y allât pleurer); elle l'a quittée, suivie seulement d'un chien dont la fidélité nous accuse tous. Elle est allée, après mille traverses, épouser son royal cousin, à six cents lieues de la France, aux bords de la mer Baltique. Elle a refusé les plus brillantes alliances, car elle ne vouloit plus se séparer du malheur. Deux princes du sang royal accompagnent aussi le Roi : ce sont les princes de Condé et de Bourbon, qui ont si souvent gémi des valeureux coups qu'ils portoient à nos soldats. Vous en verriez un troisième auprès d'eux ; mais un jour ce jeune héros sans défiance, étoit désarmé : un monstre sorti de l'île de Corse le dévora.

Trône de saint Louis, vous nous serez donc rendu ! Jours de nos ancêtres, vous renaîtrez parmi nous ! Nous pourrons désormais élever nos enfans comme nos pères nous avoient élevés. Leurs questions sur le passé ne nous attristeront plus, et nous les verrons croître sans effroi pour l'avenir. Ils auront de bonnes mœurs, qui garantissent les bonnes lois. Ces lois, demandons-les à ce prince qui vient régner sur nous. Comme les législateurs anciens, il a vu les mœurs et les lois de plusieurs peuples; il connoît tous nos besoins; il soulagera tous nos maux, car il n'a senti que ceux-là. Imitons les vaillans Danois. Après leur révolution, ils s'abandonnèrent à leur prince, et il leur donna cette charte de gouvernement qui les régit encore aujourd'hui, et sous laquelle ils vivent heureux et respectés depuis un siècle et demi. Effaçons, s'il se peut, jusqu'au souvenir des révolutions qui ne laissent après elles que des morts et des vaincus : ou si nous les rappelons quelquefois, que ce soit pour la leçon de nos enfans. La terre de France, travaillée par des désastres, portera des fruits moins beaux, mais plus doux. Les lis que nous gardoit le généreux prince d'outre-mer, vont refleurir dans leur terre naturelle. Nos enfans, plus heureux que nous, croîtront sous leur doux abri : ils ne réveilleront pas les haines ; car ils sauront ce que leurs pères ont souffert, et que nul ne doit se souvenir quand le Roi oublie.

FIN.

www.ingramcontent.com/pod-product-compliance
Lightning Source LLC
LaVergne TN
LVHW021732080426
835510LV00010B/1213